This Journal
Belongs to:

Who..................... Age........................

Where.................... When......................

Who..................... Age........................

Where.................. When.....................

Who.................... Age........................

Where.................. When.....................

Who..................... Age........................

Where.................. When.....................

Who............ Age........................

Where.................. When.....................

Who.................... Age........................

Where................. When.....................

Who........   ... Age........................

Where................ When.....................

Who..................... Age.........................

Where.................. When.....................

Who..................... Age........................

Where.................. When.....................

Who..................... Age........................

Where.................. When.....................

Who..................... Age........................

Where.................. When......................

Who..................... Age........................

Where.................. When......................

Who..................... Age........................

Where.................. When.....................

Who...................   Age........................

Where..................   When.....................

Who..................... Age........................

Where.................. When.....................

Who.................... Age........................

Where.................. When.....................

Who..................... Age........................

Where.................. When.....................

Who.................... Age........................

Where.................. When.....................

Who.................... Age......................

Where................... When.....................

Who..................... Age........................

Where.................. When.....................

Who.................... Age........................

Where.................. When.....................

Who..................... Age........................

Where.................. When.....................

Who..................... Age.......................

Where.................. When.....................

Who.................... Age........................

Where.................. When.....................

Who..................... Age.........................

Where.................... When......................

Who................... Age......................

Where................. When.....................

Who..................... Age.......................

Where................... When.....................

Who.................... Age........................

Where................. When.....................

Who.................... Age......................

Where.................. When....................

Who..................... Age.........................

Where................... When.......................

Who.................... Age........................

Where.................. When.....................

Who.................... Age......................

Where.................. When.....................

Who..................... Age........................

Where.................. When.....................

Who..................... Age.........................

Where.................. When.......................

Who.................... Age........................

Where................... When.....................

Who.................... Age........................

Where.................. When.....................

Who...................... Age.....................

Where.................. When.....................

Who.................... Age.......................

Where.................. When.....................

Who..................... Age.......................

Where.................... When......................

Who..................... Age........................

Where.................. When.....................

Who..................... Age

Where................... When......................

Who..................... Age.........................

Where................... When.....................

Who..................... Age.........................

Where................... When......................

Who..................... Age.........................

Where.................. When.......................

Who..................... Age........................

Where................... When.....................

Who.................... Age........................

Where.................. When.....................

Who..................... Age.......................

Where.................. When.....................

Who..................... Age.........................

Where................... When.......................

Who................... Age......................

Where................. When....................

Who..................... Age.........................

Where.................. When.....................

Who...................... Age........................

Where.................... When........................

Who.................... Age.......................

Where................... When......................

Who..................... Age.........................

Where................... When.....................

Who..................... Age........................

Where.................. When......................

Who.................... Age.......................

Where.................. When.....................

Who.................... Age........................

Where.................. When.....................

Who.................... Age.......................

Where.................. When.....................

Who..................... Age........................

Where.................. When.....................

Who..................... Age.......................

Where................... When.....................

Who..................... Age.........................

Where.................. When......................

Who..................... Age.......................

Where.................... When......................

Who..................... Age........................

Where.................. When.....................

Who..................... Age........................

Where................... When.......................

Who..................... Age........................

Where................... When.....................

Who..................... Age........................

Where................... When.....................

Who.................... Age.......................

Where.................. When.....................

Who.................... Age........................

Where.................. When.....................

Who.....................   Age........................

Where..................   When.....................

Who.................... Age........................

Where................. When.....................

Who..................... Age.........................

Where.................. When.....................

Who...................... Age........................

Where.................... When......................

Who................... Age.......................

Where.................. When.....................

Who..................... Age........................

Where.................. When......................

Who..................... Age........................

Where................... When.....................

Who.................... Age.......................

Where................... When.....................

Who.................... Age.......................

Where.................. When.....................

Who..................... Age........................

Where................... When.....................

Who.................... Age........................

Where.................. When.....................

Who..................... Age.......................

Where.................. When.....................

Who.................... Age........................

Where................... When......................

Who..................... Age.......................

Where.................. When.....................

Who.................... Age........................

Where.................. When....................

Who...................   Age........................

Where.................   When.....................

Who.................... Age........................

Where................. When.....................

Who..................... Age.......................

Where................... When......................

Who..................... Age........................

Where.................. When......................

Who.................... Age........................

Where.................. When.....................

Who..................... Age........................

Where.................. When.....................

Who..................... Age.......................

Where................... When......................

Who.................... Age........................

Where................. When.....................

Who..................... Age.......................

Where.................. When.....................

Who.................... Age......................

Where.................. When.....................

Who..................... Age........................

Where................... When.......................

Who...................... Age........................

Where.................... When......................

Who..................... Age.........................

Where................... When......................

Who..................... Age........................

Where.................. When.....................

Who...................... Age........................

Where.................... When.....................

Who..................... Age........................

Where.................. When.....................

Who..................... Age........................

Where.................. When.....................

Who..................... Age.........................

Where.................. When......................

Who.................... Age........................

Where.................. When.....................

Who.................... Age........................

Where.................. When.....................

Who................... Age.......................

Where.................. When.....................

Who.................... Age........................

Where.................. When.....................

Made in the USA
Columbia, SC
02 December 2022

72526923R00059